治 Cure 愈

不内耗，人生就值得

信　安◎著

北京日报出版社

前言

在这个快节奏的时代，我们每个人都像一趟高速行驶的列车。然而，面对时代的激变，我们的身体、心灵却在无休止的奔忙中与幸福、快乐走散了。健康快乐的生活成了看似简单却又最难实现的事。

有没有一种力量，可以像一束光，唤醒我们沉睡的意识，让我们有勇气去面对焦灼的现实，治愈我们内心的挣扎和痛苦？甚至在我们深陷泥淖时，将我们拽起，把那些所谓命运编织的枷锁彻底粉碎？

请记住：任何时候，我们既是自己精神内耗的制造者，也是唯一的终结者。生活虽有岔路，但请相信，你可以通过自己的意愿与付出，创造出理想的人生。你的行动决定了世界回应你的方式。

这本写给所有人的心理自救手册，可以助你走出低谷期，重获力量。就像为心灵放个假，休整过后整个人又重新充满能量，变得清醒通透，脚下的每一条路也将如迷雾散尽，尽显坦途。

或许这本书的每一个治愈方案，并不完全适合你的人生剧本。但它会像一束光，提醒你：哪怕人生不够完美，你也可以随时重写篇章。

或许某些文字硬生生地戳痛了你心里最敏感、最柔软的地方，但恰恰是这些短而有力的心语，帮你指明了一条自渡的路：这世界很好，但你也不差。在人生漫漫长途中，万物皆有回转。当你觉得余味苦涩时，请相信，一切终将回甘。

倘若当下的你正感到迷茫、焦虑、内耗，或者觉得生活中有数不清的困境与烦恼，不妨读一读这本书。它涵盖了情绪、自我成长、交际、生活、爱情的方方面面，用轻松柔软的笔触，教你用积攒的小美好抵御生活中的大烦恼。

每一句治愈心语都充满力量，每一个暖心互动都能使你身心畅然，几乎顷刻间便可引领你踏入自在惬意的怡然之境。

你此后的人生路未必光芒万丈，但只要有一颗浸透人间烟火的心，便能将生活过得有滋有味，让每个日子温暖有光。愿每一个内心柔软的人、每一颗受过伤的心，都可以在这本书里找到热气腾腾、光芒闪亮的人生。

在这个世界上，

没有谁能完全理解你的内心世界，

所以你要学会自我调节和疗愈。

目录

4 清醒：活得通透的人，从不与自己为敌

——为什么说越看透人性，越不易被内耗所困？

5 行动：内心越焦虑，越要专注脚下的路

——为什么说治愈内耗的良方是“立刻去做”？

有的路，如果你不去启程，

你永远不知道它是多么的美丽。

每一天都是一个新的开始，

把握现在，期待明天。

6 精进：深耕自己，何惧焦虑迷茫

——为什么说向上生长才是最好的自愈？

8 自爱：好好爱自己，才是最浪漫的事

——为什么说最好的亲密关系，永远始于更好的自己？

9 疗愈：舒服的关系，就是和同频的人做惬意的事
——如何维系爱、修复爱、告别爱？

1 接纳

与自己的情绪和解，
拥抱自在人生

——为什么说你要允许自己有任何情绪？

没有人会毫无缘由地陷入情绪的泥沼，

但为何那些看似微不足道的琐事，

却能滋生出如大象般庞大的情绪？

学会与自己的情绪安然共处，

才能在情绪的浪潮中保持从容，不被其裹挟。

喝了那么多“鸡汤”，怎么还是那么焦虑？

人的精神容量是有限的，若不断往里增添负担，终将被拖垮。生活无非是见招拆招，永远不要提前焦虑。当天空黑暗到一定程度，星辰就会熠熠生辉。人要有翻篇的能力，不拿焦虑来惩罚自己。

随手记下身边的小美好

陌生人脸上的善意的微笑，

洒在书桌上的一缕阳光，

随风飘落在脚下的一片落叶……

生活中的许多瞬间，

本身就是细碎的美好。

以欢喜之心，慢度日常，

日子才不会百无聊赖。

你的身边又有什么小美好呢？来写一写吧：

为什么越来越多的人陷入抑郁之中？

每一次崩溃，在别人眼中或许只是小题大做，但只有处于抑郁状态的人自己清楚，他多么渴望被他人看见，多么渴望得到关爱。这个世界虽不完美，但你仍要接纳自己，因为你值得被温柔对待。

我要摘个月亮

你看，月亮也有阴晴圆缺，

却从不急着修补自己。

摘一个月亮，

送给自己，

摆放在心中忧郁的角落，

让它酝酿出温柔的光。

悲观的人就没救了吗？

乌云一旦住进心里，即使亮着灯，也难以驱散那片阴霾。不是每一场雨后都有彩虹，但晴天总会到来。每个人都有属于自己的光芒，不要因一时的阴霾而忘记自己的闪耀。风在窗边慢下脚步，就是在嘱咐你要热爱这个世界。

写下可以给自己打 100 分的优点

最让你得意或是引以为傲的事：

再回想一下这件事的细节：

现在，你的脸上是不是露出了自信的笑容？

为什么你总是比别人更容易紧张?

对于一件事情，如果你已经做好了面对最坏结果的准备，那还有什么可担心的呢？况且，世界根本不会因为你的一个小错误而崩塌。既然人生的某些波折是绕不过去的，不如将它们化作垫脚石，勇敢地踏上去，或许这将会助你攀上人生新的高点。

静心玩一局数独

在紧张忙碌的工作之后，静下心来玩一局数独游戏吧。让自己像个孩子一样，沉浸在数字的世界里。

		7				9		
2			5		7			6
	8		1		4		7	
	4			1			3	
6		1				8		9
	9			8			6	
	5		8		9		1	
	1		6		3			2
		6				3		

你的“玻璃心”到底有多脆弱？

一个人或许能逃避世间的诸多“魔咒”，唯有敏感的自己，是永远无法摆脱的。那些太过“玻璃心”的人，生活里仿佛挂满了刀片，稍有不慎，就被剐蹭出血。像云朵散成雨，像风吹动书本自然翻页一样，请允许自己偶尔脆弱。

照镜子

每个人身上都泛着独特的光芒，
自己看不见，他人也看不全。
没事就照照镜子，
你会看到一个独一无二的自己。
“魔镜魔镜，请快告诉我，
谁是世界上最可爱的人呢？”
只有镜子知道，你有多耀眼。

是不是只有情绪稳定，才是一个合格的大人？

比起情绪稳定，更重要的是看见自己的情绪。每个情绪小怪兽的背后，都藏着一个未被满足的心理需求。真正有效的情绪管理，处理的是情绪背后的需求，而非情绪本身。

试试用下棋治愈一切

在这一页，用两种颜色的彩笔，和自己来一场奇妙的对决吧。

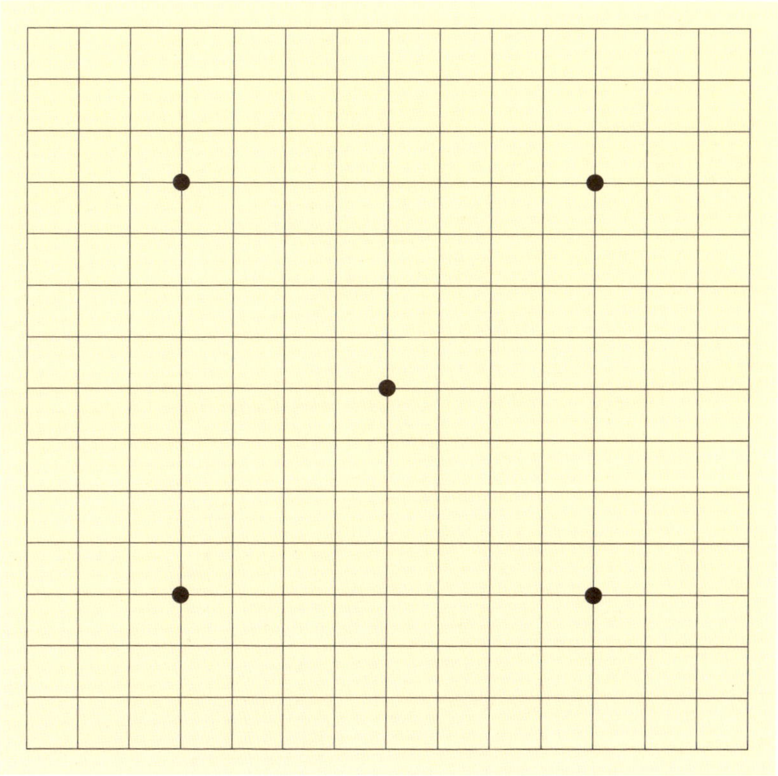

为什么我们变得容易嫉妒别人？

我们总是嫉妒别人，以致那个藏在心里独一无二的自己，被忽略了很多年。生活没有标准答案，每个人都有自己的注脚。

与其盯着别人的光芒，不如把劲使在自己身上。

把劲使在自己身上

从今天起，试着在心里默念：“我是做大事的人。”你也可以把心愿写在这一页。重复的次数多了，吸引力法则自然会起作用。

每一次努力，都是幸运的伏笔。

时间，不会亏待每一个努力向上的人。

为什么你总是忍不住和别人攀比？

每个人都有自己的花期，不必羡慕他人的绽放，因为你的花期终将到来。每个人都有自己的征程，不必追赶他人的步伐，唯有走好自己的路，属于你的高光时刻才会如期而至。烟火人间，各有遗憾。只要今天比昨天好，这就是希望。

100个喜欢自己的理由

拿一张纸，写下自己的100个闪光点：

我的心比刚出炉的棉花糖还软；

我样貌出众，走哪儿都像自带聚光灯；

我一笑起来，感染力强到能让仙人掌开花……

在这个“量产”的世界里，

你始终是无可替代的“定制款”。

自卑的人难道就不配有强大的气场吗？

每个人都有自己独特的天赋与使命，无论遭遇什么，都别轻易说“我不好”“我不行”“我不值得被爱”。要知道，没有一朵花生来就完美绽放。只要你决心活得灿烂，山海皆为你让路。

把美好留在书签里

在回家的路上捡一片叶子，洗净后，认真地粘在这一页，写下发现这个小美好的日期和地点。

日期________　　地点________

你是一个“习得性无助”的人吗？

有时候，我们的大脑就像一只胆小的猴子，遇到一点危险，就会恐惧不安，只想逃避。其实，许多困难并非坚不可摧，而是我们在心中预设了一座难以跨越的高山。今天的你已经很辛苦了，就不要预支明天的烦恼了。

4-7-8 呼吸法

第一步，通过鼻子缓慢而深沉地吸气，同时从“1”默数到“4”。

第二步，屏住呼吸，从“1”默数到“7”。

第三步，通过嘴巴缓慢呼气，同时从“1”默数到“8”。

练习时，想象所有烦恼都随气息排出体外。

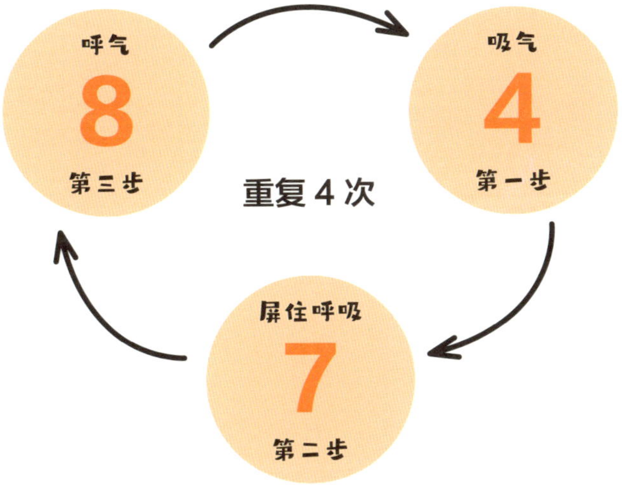

2 放下

允许一切发生，
世界自会温柔待你

——为什么说人生没有什么不可放下？

当你学会对生活说“允许”，

那些曾让你辗转反侧的执念与不甘，

终会化作滋养心灵的细雨。

放下不是退让，

而是为生命腾出更多可能。

为了有个好人缘，要一味地讨好别人吗？

习惯性讨好他人的人，如同一颗洋葱，当一层层的外皮被剥去，内心只剩空洞。真正的关系，绝非靠一味地隐忍和退让来维系。只有当你勇敢地活出自己的风格，世界才会真正看见你、尊重你。

在小事中取悦自己

无论生活多么忙碌，

都不要忘记爱自己。

给自己买一束花，

做一次全身按摩，

静静地喝一杯咖啡……

生活，就是自己哄自己。

把自己照顾好，

什么都解决了！

为什么你总爱自责，害怕对不起别人？

纠结过去的对与错，就像陷入纠缠的旋涡，让人难以轻易抽身。为了弥补内心的亏欠，你会下意识地活成别人期待的样子。可你越努力，就越不开心。做人，不妨率性一点，凡事先讨好自己。只有自己活得轻松，才能真正顺风顺水。

大胆地搞砸一件事

在你的过往经历中，有哪些事即使搞砸了，也没什么大不了的呢？试着把它们写下来。你会发现，就算搞砸了、做错了，那又有什么关系呢？

搞砸后的那一刻，

你才开始真正掌控自己的人生。

为什么长大之后，内心的痛苦越来越难以释放？

每个人的心中都藏着这样或那样的伤痕。给自己一些时间，这些伤痕会化作肥沃的土壤，滋养出无畏与坚强。没有一个冬天不可逾越，没有一个春天不会来临。悲伤不过是生命的自然节律，既然会来，就一定会走。

假如我是一棵绿植

如果你的心情生病了，

那就当棵绿植：

好好吃喝，好好睡觉，

晒晒太阳，慢慢长大。

人如草木，枯荣有时。

不必永远鲜活绽放，

允许自己偶尔枯萎，

而后，自会长出新芽。

你是否在意别人对自己的看法？

一个人最大的清醒，就是不因别人的评价而贬低自己。比起别人的评价，更重要的是我们对自己的评价。

思想不在一个高度，尊重就好；三观不在一个层次，微笑就好。心中自有一方天地，无惧他人流言蜚语，才是对外界最好的回应。

培养自我接纳的能力

请你花几分钟写下自己的优点、成就，或是让你感到骄傲的那些事。比如：

我亲手炮制的“黑暗料理”竟意外好吃。

我把拖延症按在桌上暴揍了一顿。

享受了半小时没心没肺的快乐。

一定要身材好吗？胃口好不行吗？

写到最后，你会发现：人生的“上上签”，永远是爱自己，而不是活在别人的眼光里。

面对生活，为什么你总是患得患失？

世界纵有万般无奈，只要你能够做到不乱于心、不困于情、不缠于物、不伤于世，那么这些纷纷扰扰之事，就无法在你的世界里掀起丝毫风浪。

种下一点快乐

种下一棵花草，

生出一份期待，

生活的兴致，瞬间就来了。

世间太过喧嚣，

不如与草木低语，

留一段温柔的时光给自己。

你是否感觉内心空虚，找不到生活的意义？

每一个“空心人”，其实都是生活的思考者。或许你只是没有找到满意的答案，又或许你早已走在解答问题的路上，只是答案尚需时间显现。

试着去寻找一些有趣的事情，并坚持去做。说不定你会发现，活着本身就是一件充满意义的事。

生活应该是彩色的

想象自己是一个 3 岁的小朋友，用最纯真的画法，随心所欲地涂抹这一页。

生活，从来不缺风景；

你若热爱生活，自会遇见所有美好。

我们该如何面对这该死的“社恐”？

这个世界这么大，有人是天生的“气氛组”成员，有人习惯默默欣赏。有人需要在人群中找到自己的价值，有人则需要通过独处获取生活的力量。

别为了那些不属于你的观众，去演绎不擅长的人生。多关注自我，你也一样可以闪闪发光。

涂掉你的小不悦

如果你正为社恐而焦虑，不妨给下面这些可爱的图片涂上你喜欢的颜色。最后你会发现：其实你很可爱，也值得被爱。

3 自省

与自我对话，
让内心充满力量

——为什么说自省可以让你成为更好的自己？

你总是在世界的喧嚣中疲于奔命，

却忘了好好听听自己内心的声音。

真正的自省，

可以帮你停止无谓的精神纠缠，

找到从容前行的勇气。

碎片化信息是否在毁掉你的生活？

在这个碎片化信息不断堆积的时代，“即时满足”的快感，让我们越来越难以做到长时间的专注和高质量的思考。我们看似获得了所谓的“放松”，却丧失了对自己的控制。真正厉害的人，都懂得把时间和精力集中在真正重要的事情上。

阅读要趁早

这世间，

没有谁的生活没有烦恼，

唯读书是最好的解药。

脚步丈量不到的地方，文字可以抵达；

眼界触不到的世界，文字可以开启。

读书，世界就在眼前；

不读书，眼前就是世界。

为什么你不敢跳出自己的舒适区？

人最怕的，就是一直停在原地，给自己的人生设限。跳出舒适区虽然会伴随阵痛，但能拓宽你的人生边界。如果你对世界缺乏认知，就很难知道自己的不足。那些看起来轻松又精彩的人生，无不经历了破茧成蝶的过程。

你在哪个圈层?

成长就像在游戏里解锁新地图，只有不断拓展自己的舒适圈，才能实现自我精进。这里分享一个思维模型：成长破圈模型。看看你在哪个圈层呢?

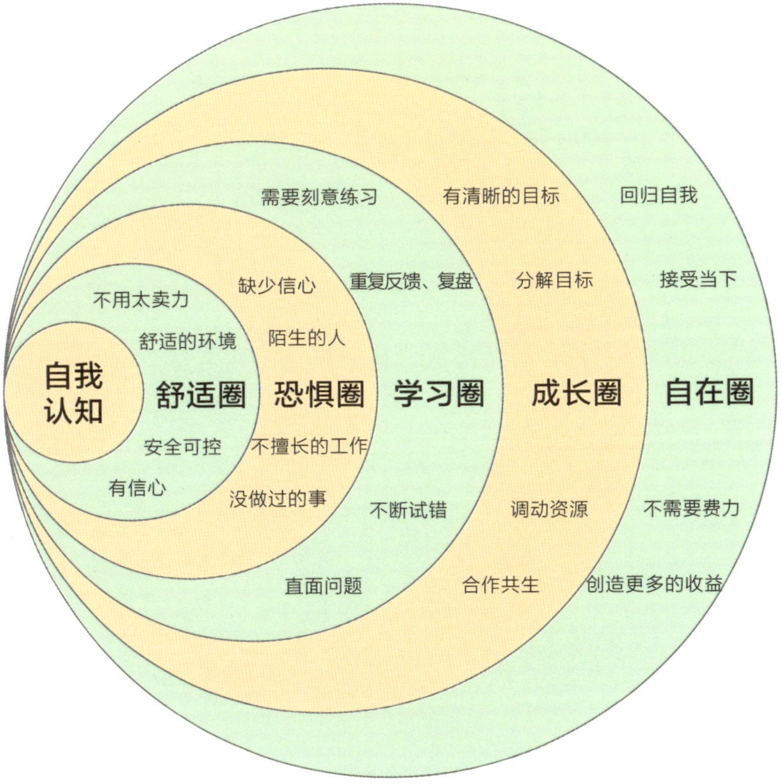

为什么95%的人都在逃离朋友圈？

快乐分享错了人，就是显摆；难过分享错了人，就是矫情。物理常识告诉我们：晒总会失去水分，藏才是保鲜的最好方式。

真正的强者，总是把时间留给真实的生活。当你开始向内求索，就是在活出自己的生命节奏。

治愈
不内耗，人生就值得
只要你
决定灿烂，
山海
皆为你让路。
做自己的花，
千次万次
为自己
而绽放。
治愈
不内耗，人生就值得
治愈
不内耗，人生就值得
快乐是
平凡的生活里
最棒的
超能力。
世界那么大，
总有一个人
会待你
温柔如初。
治愈
不内耗，人生就值得

追风少年

生活终究是自己的。

与其把时间浪费在朋友圈点赞上，

不如使劲把日子过得鲜活、有盼头。

关掉手机，

学一项新技能，

做一顿简单的饭菜……

活在自己的节奏里，

才是最舒心的活法。

当我们陷入无意义感时，还要不要坚持下去？

人生真正的苦，是半途而废的苦，是浅尝辄止、反复从头再来的苦；而坚持，却是通达富足的捷径。虽慢，但必达。那些看似波澜不惊的日复一日，终会在某一天，让你看到坚持的意义。当你认准一件事，别胡思乱想，做就是了。

设定“微目标”

当你找到自己喜欢的事，并为之努力时，不妨将大目标拆解为小目标。例如，如果你想养成阅读的习惯，可以从每天只读几页书开始。还犹豫什么，给自己安排一个阅读清单吧。

作者：

作品：

喜欢的理由：

再贵的东西 ÷ 365 都会变得很便宜，

再小的努力 × 365 都会变得很伟大！

你有没有陷入思维定势的怪圈？

人与人之间最重要的差异，往往来自思维方式的不同。比努力更重要的，是推倒经验主义的墙，不让自己活成定势思维的奴隶。人这辈子，能走多远、爬多高，就在于你有多敢想，多会想。

一笔连线

现在，请你从起点出发，一笔连完所有的巧克力，一口气走到终点。不能斜连，不能重复。快来挑战一下吧！

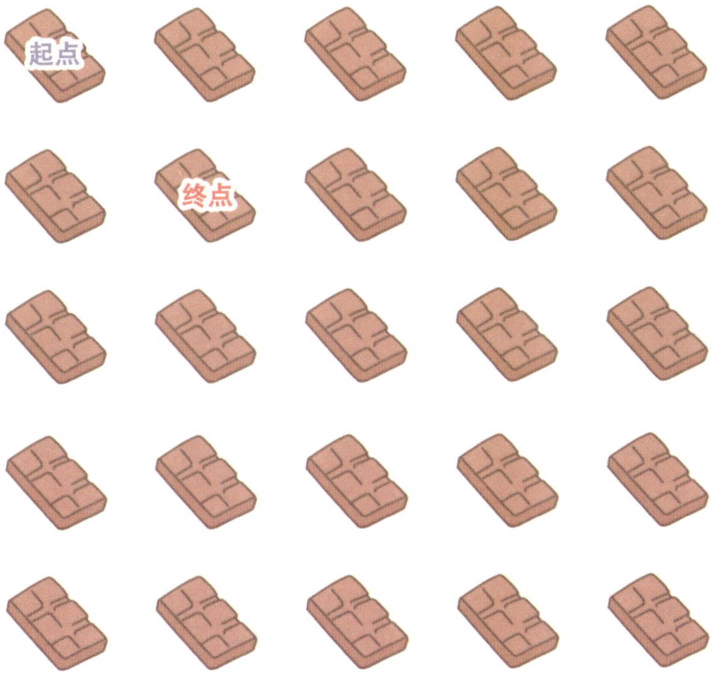

打破“圈”住自己的思维，

才有可能开启新的人生。

完美主义是动力，还是枷锁？

很多时候，那些你视为缺陷的裂痕，恰是生命最独特的纹路；你拼命掩饰的不完美，正是让人生鲜活的真实印记。

世间万物皆有裂痕，但那也是光照进来的地方。允许自己做个“不够好”的人，才是真正的完美人生。

断舍离

这里有一份断舍离的清单，每舍弃一样，就在对应的东西上打个“×”。打的“×”越多，你会发现自己越轻松。

杂乱的包装袋

没用的一次性筷子

被冷落的包包

闲置的瓶子

旧数据线

过期的日用品

过时的衣物

陈旧的菜板

闲置的茶叶罐

发黄的毛巾

过期的杂志

到底是奔赴旷野人生，还是踏上既定轨道？

这世上根本没有最正确的选择，我们只能通过努力奋斗，让当初的选择变得正确。你只要愿意出发，人生自有方向。生活没有标准答案，只要是你选择的风景，都是命运盖过章的漂亮人生。

四面八方都是方向

你不会永远待在旷野，

也不会一直奔跑在轨道上。

你若积极地对待生活，

生活自会以同样积极的方式回馈你。

拥抱变化，珍惜当下，

无论是旷野还是轨道，

都是人生旅途中不可或缺的风景。

到底是选择大城市，还是小城市？

每种选择，都有代价；每种生活，都有遗憾。山有顶峰，湖有彼岸——攀登者懂高处的寒意，停泊者知岸边的局限。正因如此：有人愿在楼宇之巅拥抱繁华的代价，也有人甘于巷陌之间接纳宁静的遗憾。

路要自己走，事要自己扛，修炼为自己兜底的能力，才能活得从容。

出发！

在这个世界上，总有一些地方让你为之向往。来吧，请拿起笔，写下那些让你满心期待的地方吧！

所有的出发，

都是为了更好地回归。

4 清醒

活得通透的人，从不与自己为敌

——为什么说越看透人性，越不易被内耗所困？

活得通透的人不是冷漠疏离，

而是在看透人性后，

依然选择用简单的态度生活——

毕竟最珍贵的通透，

是知世故而不世故的从容。

为什么熟人无用时代，你得先成为有价值的人？

任何关系，本质上都反映着一种价值体系。别人接近你，是因为你手上的筹码够多；别人疏远你，是因为他疏远的筹码足够大。当你不断提升自我，具备不可或缺的价值，才能真正主宰自己的命运。你只有先站上舞台，故事才有发生的可能。

愿望清单

人生就是一场不断挑战自我的冒险。在这一页，郑重地写下你的 100 个愿望清单吧！

凑不到 100 个也没关系，

在路上，就是人生的最佳状态。

学会厚脸皮后，人生真的会开挂吗?

厚脸皮的人，不会因为别人的目光而退缩，不会因为拉不下面子而放弃。厚脸皮的人，拥有比一般人更强大的内心，能经得住生活的打压与质疑。

我们并没有那么多观众，不妨大胆一点，脸皮厚一点。放下面子，勇敢地去做，才能赢得面子。

练好一首喜欢的歌

唱歌不只是一个人的狂欢，

更是朋友间情感共鸣的时刻。

让你的歌声带你走进一个全新的世界吧。

为什么说聪明的社交从不拆穿，但要远离？

面对虚伪的人，你唯一要做的，就是不动声色地远离。成年人的绝交，当面翻脸的是少数，悄无声息地走远才是常态。看清一个人却不去揭穿他的真实面目，不是因为懦弱，而是成熟的表现。

忙里偷闲聚一聚

人在情绪不好的时候，就像被雨水打湿的翅膀，沉重得飞不起来。那就约上三五知己，在开怀畅饮中让烦恼蒸发吧。

今天，你最想吃什么？

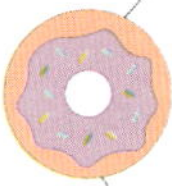

你想和谁在一起吃？

把你的想法拍下来，发给至交好友吧。

贵人凭什么要主动帮你？

任何时候都不要试探人性。你遇到的人，都是你吸引来的。你是谁，就会遇到谁。做好自己，志同道合的人自会靠近你。

带你赚钱的人、约你学习的人、和你谈理想的人、拉你往前跑的人、希望你越来越好的人，都是你的贵人。

练就“吸贵体质”

你若想被贵人“看见”，就要做到有所为、有所不为。想一想，你有哪些优点和不足呢？

当你活出真实的自己，

自然有人为你领路。

为什么说成年人说话都要带点脑子？

也许别人会无视你的叽叽喳喳，忍受你的放纵不羁，甚至原谅你的无端猜测，但没有人会对你不带脑子的说话方式毫不介意。

一言一行不给别人添堵，就是最基本的素养。与人交流，知分寸、不逾界，人际关系才能稳固持久。

每天提醒自己

成年人的世界，不必事事都说透。

你的喜悦，未必是别人的快乐；

你的痛苦，别人未必感同身受。

话少一点，心静一点，生活也会更轻松一点。

学会闭嘴，不是冷漠，

而是为了找到属于自己的平静。

什么都在涨价，为什么只有你自己在掉价？

每个人都是一颗独自运行的小行星，在各自的轨道中前行，拥有属于自己的引力。只有当你学会尊重自己，才会得到别人的尊重；当你把自己当回事，命运才会对你认真。你最大的责任，就是把“你”这块材料铸造成器。

给自己取个霸气的网名

你把自己炼成剑，天下自会避其锋。下面这些网名够不够酷呢？

神级狂人

富贵逼人

正心正念正能量

冰雪女王

钱景无限

不败传说

不发胖只发财

暴富预警

无敌斗士

你还想到了什么？快写一写吧。

为什么说做人要有点棱角？

生活不是用来妥协的，日子不是用来将就的。你若好到毫无保留，别人就敢坏到肆无忌惮。为人处世，脾气这东西多不得，一点没有也是万万不可的。心软是善良，过度心软就是自伤。记住：玫瑰之所以被呵护，不仅因为它的美，更因为它有刺。

做一棵仙人掌

在这一页，画出仙人掌身上所有的刺。画着画着，你或许会听到它的心声：“长自己的刺，开自己的花，从不主动攻击，但也绝不任人侵犯。”

怎样才能拥有人生的主动权?

有时候，打败你的不是生活的磨难，而是困住了你手脚的“不好意思”。大多你主动去做的事情，都会滋养你；大多你被动承受的事情，只会消耗你。时间不会亏待任何一个勤奋的人，也不会放过任何一个懒惰的人。

1-3-5 待做清单

列一份待做清单，然后只管埋头去做。当所有事项都打上代表完成的“√”，你会惊喜地发现：哇，我真的很棒！

1 件重要任务	预计完成时间	详细计划	完成情况
□			

3 件重要任务	预计完成时间	详细计划	完成情况
□			
□			
□			

5 件重要任务	预计完成时间	详细计划	完成情况
□			
□			
□			
□			
□			

明天的计划再完美，

也不如今天的全力以赴。

5 行动

内心越焦虑，
越要专注脚下的路

——为什么说治愈内耗的良方是“立刻去做”？

你总在焦虑中迷失自我，

却忘了出口就在“立即行动”处。

当你把精力投入到你所能掌控的事情上，

内心的迷雾自会散去。

为什么说想要成大事，一定要戒掉弱者思维？

很多时候，局限一个人的不是环境，不是能力，而是固有的思维模式。一个人的思维，往往决定了他处于哪个阶层。弱者只会抱怨，而强者都在含泪奔跑。想要实现人生逆袭，就要推倒思维的墙。只有看得远的人，才能行得更远。

顶级思维模式

想要改变人生，就要敢于打破惯性思维。你知道有哪些顶级思维模式？写下来，专心修炼，拥抱更好的未来。

1

2

3

4

5

6

7

8

9

10

为什么说成大事者，必须带点“匪气”？

真正厉害的人，能够活成自己人生的主角，绝不会轻易被人使唤、控制；真正厉害的人，一定敢想敢做，敢为自己的行为负责。当你敢于说“不”时，世界才会认真地听你说“是”。

发现内在的自己

现在，去超市买一包干脆面，然后捏碎它，让潜伏在身体里的“另一个你”痛快爆发吧！

为什么说做事的永远干不过做局的?

人生如棋局，不会谋局就会出局。下阶谋事，中阶谋人，上阶谋局。处事无非人性，谋局无非人心。要成为谋局者，就要有大格局；有大格局，才能有大胸怀、大气魄、大视野、大抱负。

闷声干大事

一起做个真心话大冒险的游戏吧！请选择：

1. 真心话：你今年计划发力的大事是什么？

2. 大冒险：把你今年计划发力的大事用夸张的肢体动作表演出来！

你只有试过才会发现：

偷偷努力的感觉真的很酷！

为什么人一旦开窍了，赚钱就容易了？

但凡能赚到钱的人，一定是为别人提供了价值。当你真的想赚钱的时候，不必掩饰自己的野心。当你放下面子赚钱的时候，说明你已经开始成长。当你用钱赚回面子的时候，说明你已经成功了。

你在赚钱的哪个层次？

与其每天琢磨怎么暴富，不如先学会怎么提升自己的赚钱层次，说不定哪天就能心想事成了呢？

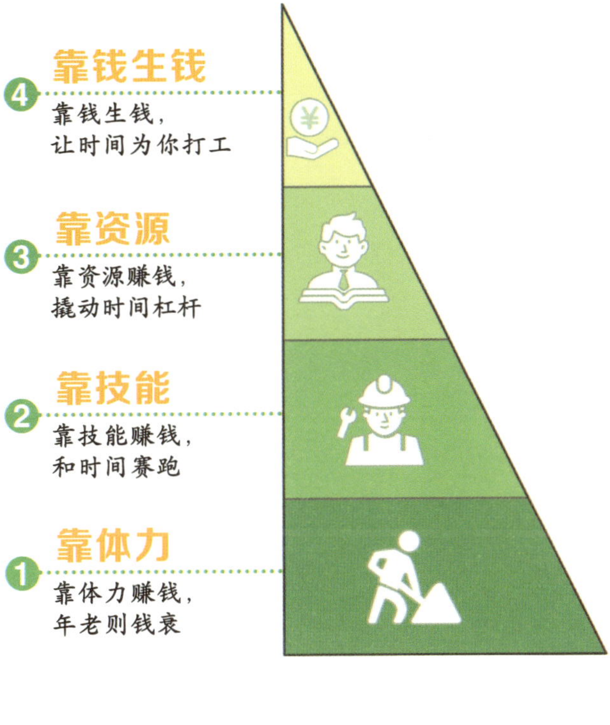

口袋穷不可怕，

可怕的是脑袋也穷。

为什么你永远赚不到认知之外的钱？

你能赚多少钱，很大程度上是由自己的认知能力所决定的。认知决定财富天花板，学习决定财富自由度。因此，你只有不断更新自己的认知，不断学习、实践、思考，才能配得上万贯家财。

告别冲动消费

当你忍不住想要“买买买”的时候，一定要学会克制。下面几招或许能帮你少踩坑。

方法	这样做	小提醒
① 警惕“小便宜”	9.9 包邮≠刚需	积少成多 = 隐性浪费
② 不打折测试	如果商品维持原价 你仍愿意购买，再下单	不能为了折扣而买单
③ 不囤货	日用品用完再添置	囤货≈占用空间 + 资金冻结
④ 购物车缓冲法	加入购物车后等几天， 等冲动消退后再决定	消费的冲动往往会被时间平复
⑤ 设置消费限额	每月设置一定的支出上限	超支部分会占用下个月的资金

为什么说赚钱就是给自己谋胆？

生活不是为了钱，但生活需要钱。做自己，随心活，甚至是偷个懒，都是需要资本的。在成年人的世界里，先跪着把钱赚了，才有资格站着去做选择。当你的能力还不足以谈诗和远方时，那就死磕当下。

好运自来

这里有一些旺自己的“魔法金句”，请你大声地把它们读出来，也许好运很快就来了。

不发脾气，只发财！

爱财爱己，风生水起！

如果人生有碰壁，我希望是人民币！

我是人间富贵花，时时刻刻财运发！

加油呀，向“钱”冲！

6 精进

深耕自己，
何惧焦虑迷茫

——为什么说向上生长才是最好的自愈？

你总在焦虑中寻找答案，

却忘了成长本身就是最温柔的答案。

当你专注于自我提升，

你会发现每一分积累都在拓宽生命的边界，

每一次突破都在重塑内心的从容。

如何成为一个高段位的学习者？

在这个充满不确定性的时代，比起学历，学习力才是给你带来兜底勇气的关键。当你的才华还撑不起雄心时，那就静下心来学习；当你的能力还驾驭不了目标时，那就沉下心来历练。前行的人，总能行稳致远；追光的人，终会光芒万丈。

金字塔模型

找到适合自己的方法，你也能快速实现自己的目标。下面这个学习金字塔模型告诉我们：主动学习的效率远高于被动学习。

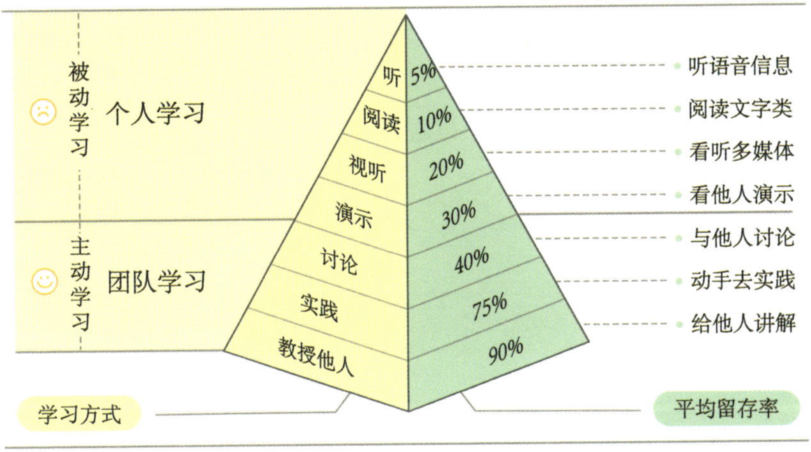

有的路，如果你不启程，

永远不知道它是多么的美丽。

为什么说真正的高手，都是坚定的长期主义者？

真正的高手，无不在某个领域深耕细作；真正的高手，无不认准一件事，然后全力以赴。人生没有白走的路，专注地做一件事，胜过敷衍地做很多事。只有把时间拉长，我们才能在一个不确定的时代，得到确定的答案。

有意义的小时光

在这一页，记录下你近一个月持续时间最长且最有意义的那些事：

时间	时长	事件	小收获

所有的全力以赴只为一次改变。

你坚持的东西，总有一天会来拥抱你。

人工智能时代，什么能力最稀缺？

在人工智能（AI）飞速发展的时代，只有重塑自己的学习系统，跟上人工智能的新时代步伐，才能始终保持竞争力。你为自己积累的每一点经验，都会让你在面对未来时多一分底气。所有逆风翻盘的背后，都是向阳而生的坚守。

人工智能时代，稀缺的6种能力

在未来，真正稀缺的能力，一定是人工智能替代不了的。从现在起提升这几种能力，让自己成为无法替代的高级人才。

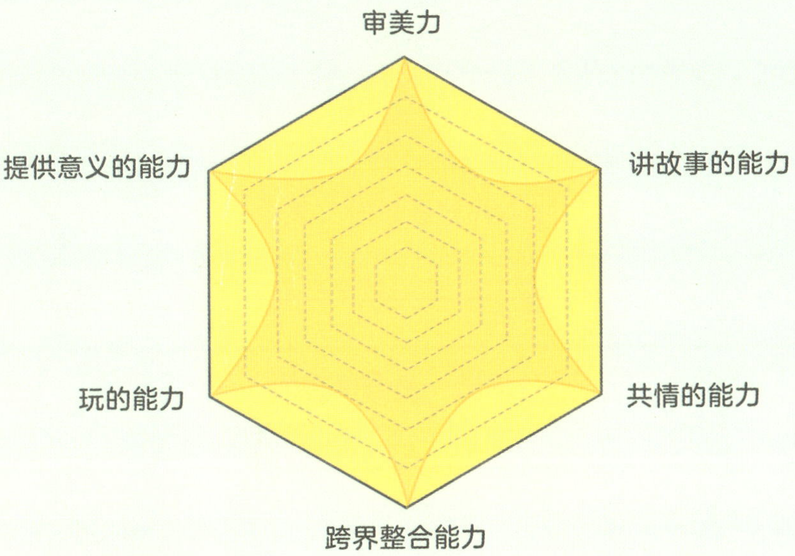

就算人工智能在未来一飞冲天，

这些能力仍是你的王牌！

为什么说比起努力，我们更需要的是自控力？

自控力，是一种与自我和解的能力。它不是压抑欲望，而是学会与欲望共存；它不是对抗本能，而是与本能合作。

想要拥有自控力，就要对自己狠下心。不被繁芜的欲望“俘虏”，不被浮华的生活“绑架”。这一路，是出彩还是出局，都靠你自己。

左右脑 1 分钟练习

现在，请你左右手各拿一支笔，一只手画圆形，一只手画方形。坚持下去，你会惊喜地发现：你比自己想象的更了不起！

真正厉害的人，都在不断打磨自控力。

保持专注，才是人生最好的态度。

你有没有把一件事情做到极致?

真正决定一个人的人生高度的，从来不是天资，也不是运气，而是能否在认准的道路上，将一件事做到极致。那些在时光中沉淀出光芒的人，未必比旁人更聪慧，却一定比常人多了几分死磕到底的愚勇。

一次做好一件事

不借助任何工具，徒手画 40 条笔直的横线。

01
02
03
04
05
06
07
08
09
10
11
12
13
14
15
16
17
18
19
20
21
22
23
24
25
26
27
28
29
30
31
32
33
34
35
36
37
38
39
40

专注去做一件事，胜过做一万件平庸的事。

企图心太强，是我错了吗？

追求自己想要的生活，从来都不是一件难以启齿的事。既然是自己想要的东西，为何不努力去争取呢？

人生路上，你只有不断超越自己，成为自己的铠甲，才会更有安全感。想要被人看见，就要悄悄拔尖，然后惊艳所有人。

我的梦想，我做主！

只要心向远方，

再长的路，也能一步步走完；

只要坚持不懈，

再高的山，也能登顶俯瞰。

在人生的赛场上，

等风来，不如追风去。

为什么说你有多自律，就有多自由？

一个人最大的对手，其实是自己。一个人最怕的就是清醒的堕落——什么都懂，却什么都不做。若不开始行动，一切都是虚无。

自律，是治愈一切迷茫的良药。你越是自律，越能获得真正的自由和快乐。

人生重启计划

从现在起，给自己定个目标：用一年的时间提升自己。在下表中，写下你的重启计划吧。

我们应该怎样对待时间？

时间，是最公平的资源，从不会偏袒任何人。一个人最好的状态，就是知道自己想要什么，并全力以赴。心思在哪，时间就在哪；行动在哪，收获就在哪。当你开始做时间的主人，平淡生活也会释放出平静的力量。

记录我的一天

写下你在今天都做了些什么。也许写着写着，你会不由地说：“哇，又是美好的一天！”

清晨充电

- 被阳光/闹钟叫醒
- 再忙也要喝一杯温水
- 对着镜子说：“今天也是帅/美到犯规的一天！”

工作/学习

- ________________
- ________________

生活碎片

- ________________
- ________________

夜晚收尾

- ________________
- ________________

做自己喜欢的事情，

奔赴真实简单的生活。

如果注定无法保证成功，还要不要继续努力？

人生最怕的，不是拼尽全力后没达到目标，而是连试都没试就选择放弃。人生没有白走的路，每一步都算数。哪怕是裂缝里透出的光，也要牢牢抓住，然后生出向死而生的勇气。

阳光，会照亮每一个抬头的人；生活，也会善待每一个努力的人。

给生活加点糖

不管自己顺利不顺利，

都要定期给自己一点奖励。

或是吃顿大餐，

或是给自己放一个小长假……

任何时候，

都不要忘记，

给自己一点甜头，

给生活加点糖。

7　松弛

慢慢来，
生活自有它的节奏

——为什么说你越松弛，内心越有力量？

生活不是拧紧的发条，

你不必时刻保持紧绷。

当你学会给自己按下暂停键，

那些被焦虑占据的空间，

终会被从容重新填满。

你可能不够漂亮，赚得也不多，但那又怎样？

把自己的人生过得兴趣盎然，永远是一件要紧的事。当生活有了有趣的底色，即便在乏善可陈的日子里，也能让自己过得活色生香。

有趣的人，总能把眼前的苟且，过成诗与远方；有趣的人，总能在柴米油盐里，寻见炽热的人间烟火。

出去玩，当然要记录呀！

回忆一下你曾去过的一些有趣的地方，把当时的门票或车票贴在这里吧。

普通人也能拥有属于自己的主场吗?

无论他人多么富有，资源多么丰富，不邀请你入局，一切都是白搭。但须知，我们生而不凡，就算是不起眼的配角，也有自己的主场。凡人改命的最好方式，就是凡事向内求：做自己热爱的事情，过自己想要的生活，成为自己故事里的主角。

创作一幅自画像

世间最伟大的事情，莫过于做自己的主人。请你画一幅自画像，与内心深处的自己聊聊天。

你只管种自己的花，爱自己的宇宙；
而你所期盼的，都会循光而至。

为什么我们不敢慢下来？

生活中，我们总是慢不下来：开车要快，减肥要速成，连外卖都要半小时内送到……其实，生活本来没有标准的节奏，无论早晚，我们最终都走在属于自己的路上。学会慢下来，心灵才能摆脱沉重与局促；学会慢下来，人生之路才能破局生根。

去旅行啦！

在旅行的路上，世间万物都是那么可爱。请你把自己在旅途中看到的美好风景画下来吧。

爱自己的方式，只有“买买买”吗？

为了虚妄之物奔波劳碌本无可厚非，但这些东西给你的人生带来的滤镜，碎起来比你想象的还要快。

真正地爱自己，在于你能在多大程度上尊重自己、肯定自己；在于你愿意花多少时间丰盈自己的内心、夯实人生的底气。

多爱自己一点

这里有一项爱自己的行动计划，每完成一项，就打个“√”。坚持到最后，你会发现：当你学会爱自己，世界也会爱上你！

记录自己的一个高光时刻

来一场说走就走的旅行

伸个懒腰，将整个世界拥入怀中

很平常的一天，看了一场想看的电影

虽然很累，但还是要看一次日出

下雨的日子，来一杯热茶

生活原本沉闷，但跑起来总会有风

磨刀不误砍柴工，喝完奶茶再打工

爱自己，从一个人下厨开始

闭嘴、微笑、健忘，简单又高级

为什么说人生最珍贵的是葆有一份“少年气”？

有“少年气”的人，总能让自己活得通透简单，不为欲望迷眼，不被物质羁绊。有“少年气”的人，总能持一颗平常心，用无畏穿透风雨，用乐观点亮征程。守住这份“少年气”，做最真实的自己，才是最舒服的生活方式。

像个孩子一样唱歌吧

想一想，有哪些歌曲让你一听就热血沸腾、充满干劲？

把它们大声地唱出来，再写下你的感受吧！

"少年气"，就是心怀好奇，

执着、投入地去做每一件事。

为什么真正清醒的人从不透支自己的健康？

工作就像一个弹力球，掉下去还会再弹回来；健康就像一个空心玻璃球，一旦掉下去，就会摔个粉碎。

真正清醒的人，从不透支自己的身体。累了，就歇歇；病了，千万别硬扛。这世界是你的，也是我的，但终究是身体好、活得久的人的。

今天，你充电了吗？

生活不是赛跑，

而是一场愉快的旅行。

请允许自己偶尔停下，

给疲惫的身心充充电。

一觉睡到自然醒，

享受暖暖的太阳浴……

休息一段时间后，

再次元气满满地出发。

为什么说无趣是一种绝症，连知识也解不了它的毒?

一个人最好的状态，莫过于有人爱，有事做，有所期待。找到你所热爱的事业，只管为之全力以赴。过日子，过的就是柴米油盐。你对生活有多少热情，生活就会回馈给你多少精彩。心有热爱，足以抵过悠悠岁月。

去旅行吧

人这一辈子，总要多出去走一走。你最想去哪个城市？规划一下未来的行程吧。

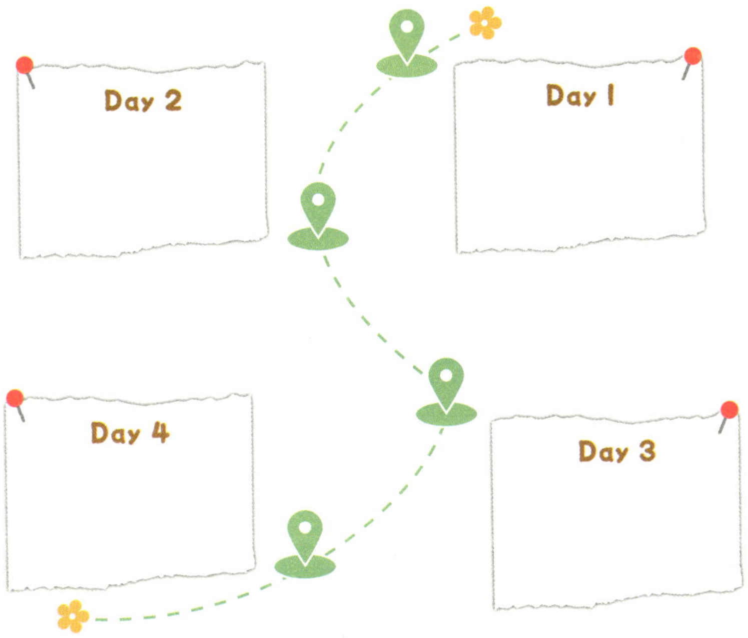

踏上征途，奔赴心中的山海；

理想的生活需要热爱和努力。

8 自爱

好好爱自己，
才是最浪漫的事

——为什么说最好的亲密关系，永远始于更好的自己？

当你学会好好爱自己，

就是在为爱积蓄能量。

因为当你的心足够丰盈，

才能滋养另一颗同样渴望爱的心。

世间最美的相逢，永远始于最好的自己。

是选择前途，还是选择爱情？

爱情，本该是一件宁缺毋滥的事，急不得。它若来了，便全心对待；它若没来，一个人也要过得惬意自在。每个人终其一生都在寻找那个与自己灵魂相近的人，而我们所有努力的意义，都是为了遇见更好的自己。当你成为最靠谱的自己，对的人自然会站在你的未来里。

谁比谁更恋爱脑?

在十二星座中，你知道谁最容易坠入爱河，谁会把爱情放在第一位吗？快来看一看吧。

白羊座 3.21–4.19
满心满眼
都是你

金牛座 4.20–5.20
认定了
就不放弃

双子座 5.21–6.21
即使坠入爱河，
也会以己为先

巨蟹座 6.22–7.22
爱情最大，
一切都要为爱让路

狮子座 7.23–8.22
爱就爱，
不爱就不爱

处女座 8.23–9.22
喜欢在不该爱的
人身上浪费时间

天秤座 9.23–10.23
喜欢的人很多，
但到底爱谁没把握

天蝎座 10.24–11.22
在爱里过于追求
极致和纯粹

射手座 11.23–12.21
天生的爱情浪子，
不喜束缚

摩羯座 12.22–1.19
比起爱，
更多的是责任

水瓶座 1.20–2.18
活在自己的世界里，
不知道爱是什么

双鱼座 2.19–3.20
死了都要爱，
无怨无悔

亲密关系中缺少安全感，怎么办？

那些在爱情里反复内耗的人，总是在微小的细节里，不断寻找伴侣是否爱自己的证据。其实真正自信的人，在亲密关系中，从来都不会缺少宠爱。而且这种源自内心的自信，会让你在爱情里更加从容笃定。

写下你的名字

在一段亲密关系中，无论发生什么，请默念这句话：我值得被尊重，我值得被友善地对待，我值得拥有世间所有的美好。然后，在圆圈里，认真地写下你的名字。当你开始聚焦自己，奇迹自然就会发生。

“一见钟情”是致命诱惑吗?

在这个世界上，总会有人跨越千山万水来到你面前，只为与你今生相逢。在这瞬间，你或许会因“我们似曾相识，好像在哪儿见过”心动不已。然而，心动虽易，爱却不易。千万不能因一时冲动而给自己留下遗憾。

赴一场芳香之约

放松身心，

赴一场芳香之约。

在静悦中，

重新与自己香遇。

一呼一吸间，

拂去情绪的灰尘，

回归真实的自我。

结婚是一项“必须”的任务吗？

有时，你抗拒的并非婚姻本身，而是被绑架的人生。真正爱自己的人，往往是见识过广阔世界后，才坚定地选择去爱一个人，而不是将就。真正成熟的人，应该既有独自行走江湖的洒脱，又有建立亲密关系的自信。当你活出了自己的恣意人生，自然有底气迈进婚姻的殿堂。

婚礼进行时

每个女孩都曾幻想过自己穿上婚纱的模样，你期望中的婚纱是什么样子呢？在这一页，请尽情地描绘吧。

愿每个女孩都遇到最适合的他，

都能拥有一场最完美的婚礼。

为什么说真正的爱是托举你向上生长？

真正的爱，是让你永远不失去自己的翅膀，让你在风雨中有站稳的力量。真正的爱，一定是相互滋养，彼此成就，共同提升生命的层次。真正的爱，从不消耗你，而是让你在自由中生长，在并肩的陪伴中绽放。

不执着于被爱

从今天起，请你在心里默念：

如果你爱我，那你真有眼光；

如果你不爱我，我只会说"没关系"。

你要相信，

爱只会流向不缺爱的人，

人并不会因为缺爱而被爱。

人和人之间只有一段路的缘分，是不是很可惜？

有些感情，只是用来经历的，不必非要有个结果，经历本身也是一种“结果”。心很贵，要装最美的东西；情绪很贵，要接触那些让你愉快的人。无缘的人迟早会走散，有缘的人迟早会相逢。懂得放下，才能够继续前行。

藏在心底的秘密

也许每个人的心底都住着一个人。这个人是一道伤痕，也是一份美好。闭上眼睛，在这一页，写出你心底埋得最深的那个名字。

只有频率与你相同的人，

才懂你的山河万里。

要浪漫的激情，还是踏实的安全感？

就像清晨耀眼的阳光终将驱散月亮迷人的光晕，曾经炽热的爱意也终究难逃时间的考验。而真正成熟的爱情，是漫漫长路上的深情陪伴，是悠悠岁月中的彼此成就。每段关系都有它的期限，不贪恋，不奢望，才能避免不必要的痛苦。

爱情的迷宫

你有没有在爱情中迷失自己？试着走出这个迷宫，给自己增加一些爱的勇气吧。

9　疗愈

舒服的关系，
就是和同频的人做惬意的事

——如何维系爱、修复爱、告别爱？

爱，常常让你遍体鳞伤，

但那些曾经受伤的地方，

终会变成你最坚强的所在。

岁月浅浅，余生漫漫。

因为爱过，所以慈悲；因为懂得，所以宽容。

婚姻中，爱情需要格外被呵护吗？

爱情，不是短暂的风花雪月，而是长久的柴米油盐。婚姻，不是爱情的终点，而是另一段旅程的起点。在亲密关系里，我们既要看到自己，也要看到对方。在这个世界上，对我们好的人本就不多，遇见了，就要好好珍惜。

誊一首你喜爱的小诗

心中有诗意的孩子，

迷路也像旅行……

为什么说不要试图改变你的伴侣?

爱，不是寻找一个完美的人，而是学会用完美的眼光，欣赏那个不完美的人。接纳对方的不完美，远比试图改变对方更靠谱，也更容易。

舒服的亲密关系就是，既要有接纳对方不完美的勇气，也要有允许对方做自己的大气。

夸人新思路

爱一个人，就要学会好好说话。快用这些话术，点亮彼此的内心吧。

♥ 你的笑容含糖量超标了，甜得我蛀牙，快赔我精神损失费。

♥ 你生气的样子好像河豚，气鼓鼓的，超可爱！

♥ 只要你一皱眉，我的世界就开始“打雷”！

♥ 原谅你可以，但得签个契约——以后洗碗归你，奶茶归我！

你还想到了什么？也来写一写，并说给心仪的他/她吧。

相爱却总是吵架，到底该怎么办？

一句句狠话、一声声怨言，再亲密的关系也会分崩离析。生活辽阔，不要只活在爱恨里。长路漫漫，总有一天你会明白：真正治愈你的，从来都不是时间，而是你心里的那份释怀和格局。

涂一涂

心情低落时，涂色本身就是一种疗愈。把这些小桃心涂上你喜欢的颜色，让心情变得明朗起来吧。

为什么说婚姻中“自渡”比“被爱”更重要?

人这一辈子，无论是婚姻的磨合，还是亲情的羁绊，唯有自渡，方能自愈。若你不能自渡，便无人能拯救你。真正好的婚姻，应是相互扶持，而非一方托举另一方，或一人指望另一人。婚姻的意义在于成为更好的自己。对的人，哪怕来得晚些，也无妨。

划掉内心的不悦

如果婚姻让你感到内耗，那就对自己温柔一点，把搞不定的问题，用笔重重地划掉。划到最后，你会发现：好好爱自己，才是王道！

看清谎言之后，还要不要付出真心？

那些嘴上说着“爱你”，却让你在感情里反复纠结、疲惫不堪的人，往往并没有你想象中那么爱你。只有当你向内求索，修炼自我，才能吸引到真正珍惜你的人。世界那么大，人生那么长，总会有那么一个人，待你温柔如初。

按下暂停键

当你心情不好的时候，你会做哪些治愈自己的事呢？在这一页，认真地写一写，并重新开启你的新生活吧。

雨不会一直下，天不会一直冷；

你的坏心情和坏天气一样，都会过去。

为什么曾经相爱的两个人，最终都会厌倦？

再浓烈的爱情，终究会归于平淡；再动人的感情，也难以抵挡日复一日的平凡。彼此之间能有一段互相照亮的路，就已经是命运的馈赠。

与其费尽心思考虑佩戴什么转运水晶，不如回过头好好审视自身的问题。如此，才能安心度过琐碎平凡但热气腾腾的一生。

珍惜当下

生命中，总有一些遇见，
惊艳了时光，温柔了岁月。

年华里，总有一些相逢，
在时光的枝头，轻轻摇曳。

山一程，水一程，
让我们感谢命运，不负遇见。

分手就能解决问题吗？

有时候，生活只是给你一个“假摔”，你真的不必浇灭所有热情。很多时候，口红都比纸巾更重要。与其浪费力气用纸巾擦泪，不如好好补个妆，把光彩还给自己。所有你失去的，终究会以另一种方式归来。

清理物品

那些承载了内心伤痛的物品，只会一次次揭开你的伤疤。在这一页，用力在它们的名字上打个“×”吧！

千纸鹤

同心结

记忆风铃

情侣杯

香囊

情侣对戒

情侣钥匙扣

口红

情侣手印

情书

围巾

回忆相册

项链

情侣装

书信

“离婚”这条路，是不是真的很难走？

这世上，人来人往，不是每件事都要有结果。允许一切自然发生。把自己还给自己，把别人还给别人；让花成花，让树成树，让每个人都成为最好的自己。

纵使眼里写满故事，也依然要努力把皱皱巴巴的生活熨烫平整。

致未来的自己

人生如逆旅，

每一步都在告别。

过往的每一步，

无论是对是错，

都铺成了你今天的路。

余生很长，也很短，

致过往，爱当下。

一辈子，有人宠，是惊喜；

无人宠，那便宠好自己。

对于未来，你有什么想说的、想做的，不妨写下来吧。

图书在版编目（CIP）数据

治愈：不内耗，人生就值得 / 信安著 . -- 北京：北京日报出版社，2025. 7. -- ISBN 978-7-5477-5258-6

Ⅰ. B84-49

中国国家版本馆 CIP 数据核字第 20255N62X0 号

治愈：不内耗，人生就值得

出版发行： 北京日报出版社
地　　址： 北京市东城区东单三条 8-16 号东方广场东配楼四层
邮　　编： 100005
电　　话： 发行部（010）65255876
总编室（010）65252135
印　　刷： 天津旭非印刷有限公司
经　　销： 各地新华书店
版　　次： 2025 年 7 月第 1 版
2025 年 7 月第 1 次印刷
开　　本： 880mm × 1230mm　1/32
印　　张： 5.5
字　　数： 64 千字
定　　价： 59.80 元
